FABIANO ORMANEZE

ILUSTRAÇÕES
KAKO RODRIGUES E LEONARDO MALAVAZZI

JURUNA
Mário Juruna

1ª edição – Campinas, 2022

"Eu lembro a vocês: nós devemos lutar juntos. E nós temos direito de proteger nosso direito."
(Mário Juruna)

A aldeia dos Xavante, que ficava perto do Rio Xingu, era conhecida como Juruna. Poucas ocas, área pequena. Uma das características mais marcantes desse povo era a resistência ao contato com os brancos. Muitos que ali viviam sequer tinham visto, ao longo de toda a vida, uma pessoa que não fosse um indígena.

Manter esse distanciamento, que era uma forma de preservar a cultura e os costumes, estava cada vez mais difícil na década de 1940. Além das investidas de fazendeiros, que queriam se apropriar de terras, havia um projeto governamental de desenvolvimento nacional a partir da derrubada de matas e de um forçado contato com os indígenas. Nesse cenário, em 1943, nasceu Oniuou, o filho do cacique xavante.

Até os 17 anos, o menino cresceu sem nunca ter saído da aldeia. Como ele diria uma vez, já adulto: "Onde eu me criei era sertão, eu só escutava canto do passarinho". Mas o avanço dos fazendeiros pela área não parava, até que os Juruna foram expulsos de suas terras. Nem mesmo a proteção de um fazendeiro, chamado Mané Garcia, foi suficiente. Durante muito tempo, foi ele que impediu a invasão das terras indígenas.

Apoiados por padres missionários, os Juruna foram para outra região. Mas ali não havia como sobreviver. Não era possível manter os hábitos indígenas, tampouco garantir da própria mata, já parcialmente destruída, o seu sustento.

Foi então que, em 1964, Oniuou precisou deixar seu povo para trabalhar em fazendas no interior do Mato Grosso. Fez amizade com o padre Pedro de Baderotto, que, aos poucos, ensinava-lhe os hábitos, a língua, a forma de viver do homem branco. Era tudo tão diferente! Até o nome o indígena teve de mudar. Oniuou, que era difícil de ser pronunciado e ninguém entendia direito, deu lugar a Mário Juruna, como ele ficou conhecido e é lembrado até hoje.

De volta ao seu povo, que na época habitava a região de Barra do Garças, tornou-se cacique. Era a primeira função política que exerceria. Depois de viver com os brancos e de aprender os seus modos de vida, Juruna percebeu ainda mais a necessidade de atitudes de preservação dos direitos indígenas, pois sabia que a ameaça era constante e que as condições de vida de seu povo só pioravam.

Em 1975, durante a Ditadura Militar, o governo aprovou o Estatuto do Índio, uma lei que permitia a retirada dos povos indígenas de suas áreas sob o pretexto de segurança ou para a construção de obras públicas. Era como se tudo que os Xavante tinham passado estivesse prestes a acontecer novamente, agora com o respaldo de uma lei.

Dois anos depois, Juruna organizou um grupo de indígenas que foi até Brasília. As reivindicações eram muitas: ao mesmo tempo que pediam comida e ajuda à comunidade, também denunciavam que as leis criadas prejudicavam os indígenas em vez de protegê-los. Além disso, criticavam órgãos públicos, como a Fundação Nacional do Índio (Funai). Diziam que a gestão era ruim e favorecia o extermínio das comunidades em nome de interesses de fazendeiros e empresas. Juruna e seus aliados também criticavam grupos religiosos que iam até as aldeias para tentar impor suas crenças.

Além das reivindicações, Mário Juruna chamava a atenção por outro motivo. Enquanto os companheiros tinham arco e flecha nas mãos, ele optava por carregar um gravador, com o qual registrava tudo o que lhe era dito. Segundo ele, era uma forma de poder cobrar depois o que os brancos prometiam. "Homem branco mente muito", disse mais de uma vez. Das gravações, surgiria um livro de memórias, lançado em 1983, que recebeu o nome de *O Gravador do Juruna*.

O GRAVADOR DO JURUNA

Aos poucos, o líder indígena ia ficando conhecido não só no Brasil. Em 1980, os organizadores do Tribunal Russell, que se dedicava a julgar crimes contra os direitos humanos, decidiram convidá-lo para ir à cidade de Roterdã, na Holanda, e participar de audiências que julgavam crimes contra indígenas do continente americano.

O governo brasileiro tentou impedir, porque temia que Juruna fizesse críticas e prejudicasse a imagem do país. Pela lei da época, os indígenas eram considerados incapazes, e esse foi o argumento usado para impedi-lo de viajar. Com a ajuda de um advogado, Juruna recorreu ao Supremo Tribunal Federal (STF), que lhe concedeu o direito de ter um passaporte e ir para o evento.

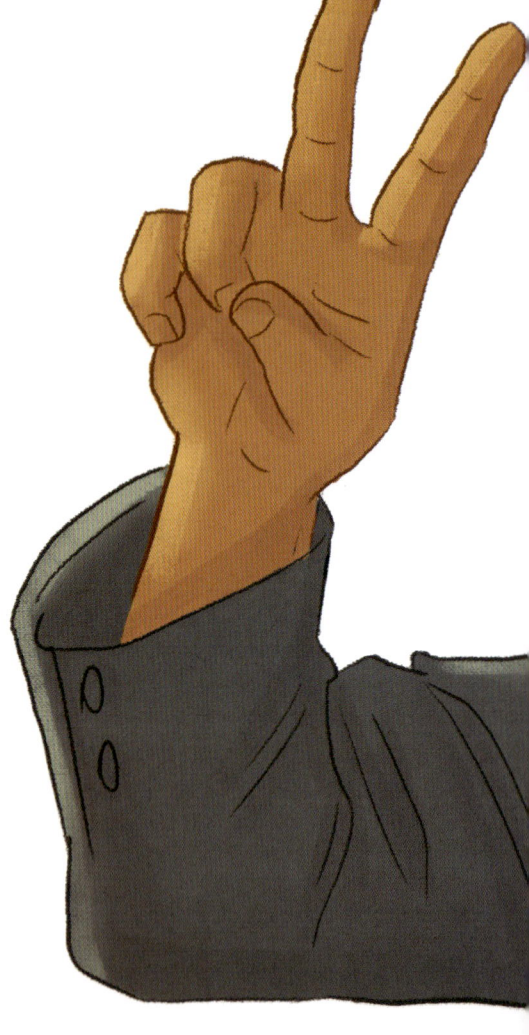

A essa altura, muitos brasileiros já tinham ouvido falar de Juruna, mesmo com todas as proibições da Ditadura Militar. Muitos foram vê-lo no Aeroporto Internacional do Rio de Janeiro, de onde partiu o voo. A viagem o tornou conhecido em muitos lugares, pois as notícias sobre sua participação no tribunal circulavam. A tristeza do cacique foi perceber que a realidade indígena era difícil em todos os países.

Em 1982, Juruna já morava no Rio de Janeiro, quando se candidatou a deputado federal, apoiado por um político bastante influente da época, Leonel Brizola, e por um dos principais antropólogos brasileiros, Darcy Ribeiro. Recebeu cerca de 31 mil votos, o que garantiu a ele uma cadeira na Câmara Federal. Era a primeira vez que um indígena conseguia se eleger para o cargo no Brasil.

Ele nem tinha tomado posse ainda, e a imprensa e outros políticos já o ridicularizavam: consideravam que ele não teria condições para o cargo. Criticavam até a dificuldade que ele tinha em falar português. Afinal, durante toda a infância e a adolescência, ele sequer tinha ouvido uma palavra no idioma. Personagens que o imitavam de forma jocosa também surgiram nos jornais e na televisão.

O primeiro discurso de Juruna como deputado foi no dia 19 de abril de 1983, "Dia do Índio". Ele fez questão de esperar pela data para fazer sua estreia no plenário. Na aguardada fala, destacou que, embora fosse uma data comemorativa, a realidade do seu povo era muito complicada. "O governo brasileiro não dá oportunidade para índio. Nós somos responsáveis, nós somos gente", disse ele em um dos momentos mais contundentes.

Ele defendia também que todos os ministros do governo fossem demitidos. Ao final do discurso, pediu que as terras fossem divididas entre os brasileiros e, ao deixar a tribuna, entregou um cocar ao presidente da Câmara, Flávio Marcílio. Juruna foi muito aplaudido, não só pelos outros parlamentares, mas também pelo público que estava no Congresso acompanhando a sessão.

Pouco tempo depois, Juruna reuniu assinaturas de 360 líderes indígenas em um documento, que foi entregue ao Ministro do Interior, fazendo acusações à Funai. Segundo ele, o órgão não representava a causa indígena adequadamente. Em setembro de 1983, Juruna se envolveu em uma polêmica. Em um discurso, chamou o presidente e os ministros de ladrões e corruptos, gerando um pedido de cassação de seu mandato, o que não se concretizou.

O Brasil daquela época estava ansioso pela possibilidade de de ter eleições diretas, com a participação do povo. Afinal, desde 1964, com a implantação da Ditadura Militar, eram os parlamentares que escolhiam o presidente da República. Juruna defendia que o povo devia ter o direito de ir às urnas. O indígena chegou a ser pressionado a aceitar um suborno em troca de um favor político: seu voto em uma eleição indireta. Ele fingiu aceitar o dinheiro que tentava comprar seu apoio e convocou a imprensa para denunciar o esquema.

O mandato terminou em 1987. Ao longo desse período, o cacique fez muitas reivindicações e projetos de leis que favoreciam a causa indígena, mas conseguiu aprovação para poucas de suas propostas. Uma de suas principais conquistas foi garantir que a diretoria da Funai fosse formada por um conselho que fiscalizaria a atuação e os projetos.

Juruna conseguiu também criar a Comissão Permanente do Índio no Congresso Nacional, transformada depois numa comissão dedicada a tratar dos direitos humanos e das minorias, existente até hoje. As discussões dessa comissão foram importantes para garantir direitos e proteção aos indígenas na nova Constituição, que entrou em vigor em 1988.

Juruna tentou se reeleger outras três vezes, mas não conseguiu os votos necessários. Ele continuou morando em Brasília e trabalhou na Funai até 1994. Depois disso, por um tempo, mesmo sem cargos públicos, participou de muitas manifestações e sempre era convidado a dar entrevistas sobre assuntos relacionados à causa indígena.

Juruna casou-se três vezes, teve 14 filhos e "uma aldeia inteira de netos", como ele mesmo dizia. Certa vez, em uma entrevista, disse que nunca deveria ter saído das terras indígenas. Os últimos anos de vida foram bem difíceis, com muitas dificuldades financeiras.

Com a saúde debilitada por causa de complicações da pressão alta e da diabetes, Juruna foi internado no começo de julho de 2002 em um hospital de Brasília. Havia alguns anos que já não conseguia mais caminhar e quase não era visto em lugares públicos.

Ele morreu no dia 17 de julho de 2002. Seu velório se tornou um ato político, em que líderes indígenas de diversas etnias relembraram sua atuação com danças e reivindicações.

A voz de sua liderança foi reconhecida mundialmente no documentário *Jururã, o espírito da floresta*, que recebeu diversas premiações. O legado deixado por Oniuou representa o senso de luta e a resiliência presentes nas comunidades indígenas. Foram necessários 35 anos para que outro indígena chegasse à Câmara Federal, o que ocorreu com a eleição de Joênia Wapichana ao cargo de deputada por Roraima.

Querido leitor,

A editora MOSTARDA é a concretização de um sonho. Fazemos parte da segunda geração de uma família dedicada aos livros. A escolha do nome da editora tem origem no que a semente da mostarda representa: é a menor semente da cadeia dos grãos, mas se transforma na maior de todas as hortaliças. Nossa meta é fazer da editora uma grande e importante difusora do livro, transformando a leitura em um instrumento de mudança na vida das pessoas, desconstruindo barreiras e preconceitos. Entre os principais temas abordados nas obras estão: inclusão, diversidade, acessibilidade, educação e empatia. Acreditamos que o conhecimento é capaz de abrir as portas do pensamento rumo a uma sociedade mais justa. Assim, nossos valores estão ligados à ética, ao respeito e à honestidade com todos que estão envolvidos na produção dos livros e com os nossos leitores. Vamos juntos regar essa semente?

Pedro Mezette
CEO Founder
Editora Mostarda

EDITORA MOSTARDA
www.editoramostarda.com.br
Instagram: @editoramostarda

Fabiano Ormaneze, 2022

Direção:	Pedro Mezette
Coordenação:	Andressa Maltese
Produção:	A&A Studio de Criação
Revisão:	Beatriz Novaes
	Elisandra Pereira
	Marcelo Montoza
	Mateus Bertole
	Nilce Bechara
Diagramação:	Ione Santana
Ilustração:	Bárbara Ziviani
	Anderson Santana
	Felipe Bueno
	Henrique Pereira
	Kako Rodrigues
	Leonardo Malavazzi

Dados Internacionais de Catalogação na Publicação (CIP)
(Câmara Brasileira do Livro, SP, Brasil)

Ormaneze, Fabiano
   Juruna : Mario Juruna / Fabiano Ormaneze. --
1. ed. -- Campinas, SP : Editora Mostarda, 2022.

   ISBN 978-65-88183-83-0

   1. Ativistas indígenas - Biografia - Brasil -
Literatura infantojuvenil 2. Indígenas da América do
Sul - Política e governo - Brasil - Literatura
infantojuvenil 3. Juruna, Mário, 1943-2002 -
Literatura infantojuvenil I. Título.

22-128894   CDD-028.5

Índices para catálogo sistemático:

1. Mário Juruna : Biografia : Literatura
   infantojuvenil   028.5

Nota: Os profissionais que trabalharam neste livro pesquisaram e compararam diversas fontes numa tentativa de retratar os fatos como eles aconteceram na vida real. Ainda assim, trata-se de uma versão adaptada para o público infantojuvenil que se atém aos eventos e personagens principais.